AUTOSUGESTIÓN PARA GANAR MILLONES

Por Emir Samsores

Publicado en España Por:

Emir Samsores

© Copyright 2017

ISBN-13: 978-1545372852
ISBN-10: 1545372853

Tabla de Contenido

INTRODUCCIÓN

Hablar de riqueza y dinero es hablar largo y tendido, más aún cuando nuestra intención o propósito de vida es llegar a ser **una persona tan rica como muchos** de los personajes destacados en el área de los negocios, las finanzas, la academia, la farándula y/o el espectáculo.

Es entonces el momento en que nos planteamos una cruda realidad: ¿Cómo es posible que solo el 1% de las personas en el mundo acumulan tanta riqueza como el 99% del resto de los habitantes del planeta?

Esto no solo es una realidad, es también una gran incógnita cuya respuesta no solo hallarás en las páginas de este libro, sino que también aprenderás a emplear a tu favor para convertirte en esa persona próspera que **gracias a la causalidad** y no a la casualidad te ha traído hasta aquí justo ahora, ni antes ni después.

Al analizar el entorno económico global es muy factible detectar que el sistema de comercio mundial está configurado para que seamos un consumidor más de la masa llamada mercado objetivo. Es así como van surgiendo en nosotros **necesidades que verdaderamente no necesitamos** sino que responden a condicionamientos generados gracias a la multiplicidad de cerebros entrenados estratégicamente para implantar en nuestra psique tales condicionamientos.

La competencia feroz que desata la industria de la publicidad como ejemplo irrefutable de la **manipulación** que puede para bien o para mal ser lograda a nivel del entorno, es la razón de ser de la industria más lucrativa que la humanidad haya conocido, las ventas.

El comercio existe, persiste y crece exponencialmente por una sencilla razón, por el hecho de que existen consumidores que bajo la influencia de la publicidad y de las comunicaciones adquieren los productos gracias a esas necesidades que han sido implantadas en su mente y de las cuales no pueden prescindir porque se han constituido como patrones de pensamiento, de comportamiento y como parte del diario vivir.

El bombardeo de los medios publicitarios no cesa hasta lograr calar en lo más profundo de nuestra mente, en nuestro **subconsciente**.

Así es amigo lector, Emir Samsores trae para ti:

Autosugestión para ganar Millones

El caso de las ventas y de la publicidad, el cómo las grandes empresas influyen en los hábitos de consumo de las masas para hacer toneladas de dinero es tan solo un mero ejemplo de todo cuanto es posible lograr cuando se logra influir en el subconsciente de las personas, más aún cuando se logra llegar al dominio total del propio.

A partir de esta idea conocerás y aprenderás a utilizar una gran cantidad de herramientas para lograr condicionar principalmente tu cerebro hacia la consecución de la riqueza y la multiplicación de esta en tus manos y subsidiariamente el cerebro de otros con las mismas finalidades.

Advertencia: Los secretos develados en lo sucesivo son extremadamente poderosos...

¿estás dispuesto a conocerlos?

Capítulo 1

El verdadero poder

"Nadie encontrará el trébol de 4 hojas en su camino,

si no tiene el trébol de 4 hojas en su mente"

John Burroughs.

Así como una pieza de acero imantada es capaz de levantar su propio peso hasta 12 veces, si le es suprimida la fuerza del electromagnetismo la misma pieza nada levantará.

Así somos los seres humanos, unos, piezas de acero imantadas con la fuerza de la fe y de la autoconfianza, conscientes de que su propósito en la vida es triunfar, y otros, similares piezas de acero carentes de la fuerza del electromagnetismo, sumidas en el temor y la duda, sumando fracasos y absolutamente incapaces de alcanzar un propósito por pequeño que este sea.

Ese magnetismo, esa fuerza, esa energía, que caracteriza al primer grupo, es la expresión de un sublime poder que habita en un lugar donde pocos saben buscar: en la mente subconsciente.

Salud, riquezas, reconocimiento, éxito, fama, relaciones armoniosas, todo, absolutamente todo es posible de ser hallado conociendo y aprendiendo a utilizar el poder oculto en nuestra mente subconsciente.

No es un poder que debemos adquirir, comprar o pedir prestado, paradójicamente y para nuestra bendición, todos lo poseemos. Lo único que necesitamos para acceder a él es tener una mente abierta y receptiva para asimilar el conocimiento y luego la aplicación de sencillas técnicas y procedimientos a ser llevados a cabo de manera habitual, reiterada y constante.

El trabajo de tus sueños, el emprendimiento que siempre has querido arrancar, la ostentosa casa que quieres para tu familia, la tranquilidad y la estabilidad económica, son parte de lo mucho que se puede lograr habiendo desarrollado el poder que reside en nuestro interior.

El cerebro: la mente consciente y la mente subconsciente

Afirmación: "Tu inteligencia es tu mayor virtud, guía tu camino. Tu salud es vital y vibrante, la armonía habita en tu mente y en tu cuerpo. Vives rodeado de amorosas relaciones que sustentan tu equilibrio y complementan tu existencia. La Prosperidad abundante es tuya, tu mente está abierta y receptiva a recibir, a dar y a multiplicar. Tu creatividad responde cada vez con más atino. La paz habita en ti, tu subconsciente lo sabe y a ello responde tu mente consciente".

Los pensamientos toman la forma de las acciones y los cuadros mentales se convierten en realidades, esto aparte de ser una irrefutable verdad, tiene una explicación, el trabajo de la mente.

Solo tenemos una mente, sin embargo, esta tiene una naturaleza dual, dos esferas de actividad, es decir, presenta dos características distintas con poderes independientes y diferentes atributos.

Con la mente consciente pensamos, razonamos, elegimos y todo aquello que habitualmente ocupa nuestra atención cae dentro de la mente subconsciente, quedando impreso en esta sin objeción de ningún tipo.

Nuestra mente subconsciente es nuestro genio interior, usa por lenguaje las imágenes o el denominado ojo mental, por ende, se programa a través de la imaginación y de los pensamientos, no reconoce entre lo verdadero y lo falso, solo lo que recibe, se encarga de transformar los pensamientos en realidades y trabaja a nuestro servicio a toda hora, incluso mientras dormimos.

El subconsciente es como la tierra, acepta cualquier semilla, buena o mala.

Una vez que la mente subconsciente acepta las ideas (ciertas o no), las reproducirá de acuerdo a la naturaleza de nuestra línea de pensamientos conscientes de allí que es fundamental aquello en lo cual "ENFOCAMOS NUESTRA ATENCIÓN".

Por ejemplo, frases quizás muy familiares como **nunca podré tener dinero, soy un perdedor** o **la riqueza no está hecha para mí** son condicionamientos impresos en la mente subconsciente producto de muchas sugestiones que hemos recibido de nuestro entorno que yacen fijadas como verdades que el subconsciente transmite al consciente y este así las acepta y las cree.

Por otra parte, las emociones y su fuerza encuentran su explicación en la actividad mental también.

Nuestro cerebro se asemeja a un edificio de tres plantas. En la primera planta está el tallo cerebral y allí residen las más primitivas emociones del ser humano (instintos: comer, dormir, respirar, latidos), en la segunda planta el sistema límbico o también denominado el cerebro emocional y en la última planta, la corteza cerebral donde habita el pensamiento evolucionado, la creatividad y la lógica.

Así entonces, las emociones y los sentimientos constituyen la brecha o el canal que separa la consciente del subconsciente, son los canales que comunican nuestro cuerpo con nuestra mente.

Por último, tenemos que a su vez, el cerebro humano está compuesto de una sustancia llamada plasma y esta se compone de millones de células (en un rango entre 500.000.000 y 2.000.000.000 dependiendo de la actividad mental de la persona en particular) cuya función es intervenir en las manifestaciones de nuestros pensamientos. La totalidad de las células no son utilizadas por mucha actividad mental que se tenga, siempre hay una reserva.

La mente, consciente y subconsciente opera a través de la emocionalidad y del estímulo que le proporcionemos. Científicamente se ha demostrado que mientras más uso hagamos de nuestras células, estas se multiplicarán en mayor proporción, que no es más que referir que para desarrollar nuestras capacidades mentales, para multiplicar el poder de nuestra mente es necesario **ejercitarla** de manera idéntica al caso del músculo que crece y se desarrolla gracias a su estimulación, solo que en el caso del cerebro es a través del **uso y práctica reiterada de la autosugestión.**

Sugestión, Autosugestión y Psicología

La base de todo proceso de mejoramiento personales el terreno mental, justo allí reside el poder de cambiar.

La sugestión es el acto por medio del cual se implanta, se acepta y se acoge en la mente subconsciente de alguna persona una idea, un pensamiento. No puede ser impuesta contra el deseo de la mente consciente, es decir, la idea o el pensamiento por sí solo no surten efectos si el sugestionado no las acepta o las acoge.

Muchas personas pueden ser afectadas a través de la sugestión y de manera muy fácil en favor de quien pretende influir en ellos. Ahora si la influencia es sobre uno mismo, se multiplica tanto el impacto negativo como el positivo, es decir, el efecto puede sentirse a favor o en detrimento.

La niñez es el período de la vida más apto para que las sugestiones sean mayormente aceptadas y retenidas en el carácter, es por ello que padres y maestros desempeñan un importante rol en quien será el individuo a futuro.

Los niños son gobernados por la emoción, por el sentimiento y por el efecto de las sugestiones recibidas de su entorno, más que por la razón. Ante las más mínimas aseveraciones que realicemos delante de ellos habrá una fuerte impresión que será grabada en su mente y que tendrá poderosa influencia en la formación de su carácter.

Si el niño se percata de que sus padres se esfuerzan en exceso por él, se desvelan, sufren y en fin se sacrifican de más, considerará esto como algo justo y caerá en un rol pasivo ante la vida.

Los niños SON CIEN VECES MÁS IMPRESIONABLES QUE LOS ADULTOS, de allí la importancia de evitarles el contagio de sugestiones negativas y facilitarles el acceso para que acepten las positivas.

Sugestiones son muchas y a diario las recibimos, las aceptamos y rechazamos algunas veces de forma consciente, otras de forma inconsciente.

Cómo se implantan las sugestiones

De acuerdo a la psicología moderna, las ideas pueden ser implantadas en la mente de una persona por la vía de la sugestión a través de 3 procedimientos:

1. **Sugestión por impresión** (forma directa): ya sea por vía de la conclusión arbitraria o de la repetición.

   - Ejemplo: "En esta casa somos pobres pero honrados" – Idea implantada y aceptada: pobreza, carencia.

   - Ejemplo: "Trabaja como un burro para que puedas medio comer" – Idea implantada y aceptada: fracaso, sacrificio, pobreza, carencia, escasez.

- Ejemplo: *"Eres un ganador, un triunfador de la vida"* – Idea implantada y aceptada: éxito, prosperidad, superación, orientación al logro.

2. **Sugestión por inducción o insinuación** (forma indirecta): una advertencia, un comentario o mención que la mente no detecta como punto de resistencia instintiva. Muy propias del ámbito político y diplomático, de la publicidad, de las mujeres y de personas con habilidad para expresarse con delicadeza.

3. **Sugestión por asociación** (forma indirecta): dadas por la apariencia exterior de la idea o por algún elemento que se asocie a esta que quedan impresas en la mente.

   - Ejemplo: El olor de la casa del vecino como sinónimo de prosperidad.

   - Ejemplo: El color verde asociado a la esperanza o el rojo asociado a la pasión.

Regularmente la sugestión opera mediante la insinuación sobre, bajo o alrededor de la idea, por la fuerza de la repetición, del hábito y de la costumbre. Fruncir el entrecejo, encoger los hombros, ciertas posturas o gestos (lenguaje corporal) son formas de sugestión, empleadas por la generalidad de las personas quienes son mayormente inconscientes de ello.

Existe también la **sugestión terapéutica** (directa o indirecta) empleada con el propósito de influir en la mente del paciente para que este regularice las funciones de su organismo, casi siempre las de tipo nervioso. En especial, es empleada en la cura de dolencias y problemas de salud.

La autosugestión, **es la sugestión aplicada a uno mismo**, a través de métodos y técnicas especialmente concebidas. Hoy día constituye el más efectivo y eficaz método en la formación del carácter y en todo proceso de mejora y de desarrollo personal.

La influencia del entorno en quienes somos

Para bien o para mal nuestro entorno juega un preponderante papel en quienes somos. Rodeados de un círculo positivo es seguro que obtendremos grandiosos resultados.

Valedera   consideración es el tema de la sugestión negativa pues hay entornos de los cuales no es fácil desprenderse o alejarse.

Periódicos y medios transmiten caos, estrés, catástrofes, que debemos saber rechazar dando a nuestro subconsciente sugestiones constructivas y contrarias para que sustituyan aquellas que han sido aceptadas o para implantar en nuestra mente un sistema blindado contra estas. Hay quienes optan por no leer la sección de suceso de los medios impresos o por ser muy selectivos con los programas de TV o radio que ocuparán su tiempo.

Ahora que si las sugestiones negativas vienen de nuestro propio círculo familiar y afectivo o del propio ámbito laboral, la situación es un tanto más compleja.   Ante una esposa o un esposo con tendencias al fracaso o al pesimismo, ante compañeros de trabajo que solo transmitan chisme e información destructiva, al no ser posible erradicar el contacto, el individuo debe convertir su mente en una especie de ventana impermeable para que así bloquee el acceso de aquello que pudiera afectarle negativamente.

La fuerza más poderosa que tienes, ponla a tu favor

La sugestión pura y simple puede lograrlo todo, incluso la cura de las enfermedades más graves.

La ciencia de la terapéutica sugestiva ha calado exitosamente en la ciencia médica ahondando con gran éxito en el tratamiento y curación de las funciones fisiológicas a través de la transformación de los estados mentales siendo la sugestión el principio activo de todo dogma, teoría y filosofía.

La terapéutica sugestiva se basa en el principio de acción y reacción entre mente y cuerpo, hoy por hoy constituye un eficiente método en el tratamiento de desordenes tanto mentales como físicos, empleando el tratamiento de la fuente de las molestias antes que los síntomas, esto es, la mente.

Entonces, si es posible erradicar de un organismo células malignas y graves afecciones **¿qué cosa no puede ser lograda por vía de la sugestión?** La curación por sugestión es la prueba fehaciente de su gran efecto.

Esto nos lleva a una única conclusión, **el poder de cambio está en nosotros**, en nuestra poderosa mente y en el cómo la utilizamos alineada hacia nuestros propósitos.

Cómo desterrar la pobreza de tu vida

Con la sugestión se logra atención, curiosidad, interés, deseo, necesidad y acción.

Autosugestión es aplicar la sugestión por uno mismo y sobre uno mismo, es desempeñar el rol de sugestionador y de sugestionado.

Cuando practicamos la autosugestión elegimos deliberadamente qué sugestiones fijar en nuestra mente. En algunos casos se realiza con ayuda, con un sugestionador que nos inspire fe, confianza y nos despierte la atención, el caso es que el sugestionado, ya sea con ayuda o sin ella crea y acepte las ideas a implantar en su mente.

Existe la autosugestión involuntaria (mentiras que a fuerza de repetición son consideradas verdades por quienes las reciben) como por ejemplo los fanáticos religiosos, los escritores especializados pues estos individuos al estar frecuentemente expuestos a determinados pensamientos construyen una segunda naturaleza tan fuerte como su naturaleza primaria y de tanto lidiar con ciertos conceptos terminan convencidos al extremo. También ocurre en el caso de los especialistas en enfermedades mentales que en muchas ocasiones terminan padeciéndolas por fuerza de la convicción generada ante los niveles de exposición, esto constituye una poderosa información para quien desee canalizarla conforme a propósitos específicos.

Ya referimos el cuidado especial que hay que prestar a nuestros focos de atención, en tal sentido, he de reiterar que **NO QUERER que algo nos ocurra es una forma de desear que si suceda**. Para desechar una idea de nuestra mente, no hay siquiera que pensar en ella, solo hay que combatirla con ideas contrarias

"Ya no quiero ser pobre" es desear seguir siendo pobre o cuando menos así lo interpreta la mente subconsciente.

Afirmación: "Eres un imán que atrae riqueza y prosperidad, cada día tus finanzas mejoran y tu vida se colma más y más de riquezas".

Supera tus miedos y las posibles consecuencias de tus acciones

El carácter se refiere a las diversas cualidades y atributos personales y mentales de un individuo, tal como es la persona. Es la sumatoria resultante de la herencia, la experiencia y el medio ambiente, en pocas palabras las resultas de las sugestiones que queriendo o no has aceptado.

Estas sugestiones llegan a formar parte de tu naturaleza y solo podrán ser sustituidas por sugestiones opuestas y muy fuertes capaces de neutralizar el efecto de las primeras.

Ya sea por la vía de la sugestión de autoridad en nuestra mente juvenil, por imitación o por recolección de ideas pululantes en nuestro entorno, nuestras mentes se vuelven permeables y como esponjas absorben las ideas asociadas y en consecuencia nuestros hábitos de vida estarán seriamente estrechados con las impresiones de nuestra infancia y nuestra juventud.

La fuerza de la impresión y la sugestión aceptada en la juventud es tal que por ello que se dice que a los 30 años es difícil lograr un cambio radical en nuestros hábitos. El niño estudioso será un joven aplicado y un adulto con similar trayectoria, esta sería la regla, sin embargo, gracias a la autosugestión, se ha constituido una extraordinaria excepción y ahora, con tal conocimiento, independientemente de la edad que tengamos, mediante la fuerza de la decisión todo puede cambiar si así es nuestro deseo.

Para reforzar este criterio analicemos este caso:

Un niño de gran herencia por azares de la vida es puesto en un suburbio de ladrones, expuesto al vicio y a la dominancia ¿quién será este niño de grande? Probablemente todo un vándalo, todo apunta a que así sea. Sin embargo son muchos los casos de niños que han crecido desprovistos del afecto y la atención de sus padres, en ambientes verdaderamente tóxicos y aun así han resultado ser grandes hombres gracias a su decisión de rechazar las sugestiones a las cuales su entorno les expuso.

La voluntad y su gran poder

La voluntad es un grandioso atributo que nos ha dado la naturaleza en su infinita sabiduría para ordenar nuestra vida y nuestro carácter, aceptar, rechazar y o rehusar las sugestiones que se nos han ido colocando en el camino.

Con la actitud mental apropiada desviamos y repelemos sugestiones adversas, esto se logra a **fuerza de voluntad**.

La atención forma el motivo y no al contrario. Al negarnos a prestar atención a impresiones o sugestiones contrarias a nuestro bienestar estamos usando la sugestión exterior para desarrollar nuestro propio carácter.

Atendiendo las impresiones o sugestiones beneficiosas, atraeremos en la misma línea. Somos amos de la sugestión si usamos nuestra voluntad para controlar lo que deseamos sea para nosotros.

Procrastinar, cómo dejarlo atrás

Para moldear el carácter es preciso conocerse bien y detectar qué rasgos de nuestra personalidad están interfiriendo con nuestros propósitos para anularlos mediante el estímulo de sus contrarios y no negándolos, porque reitero, en esto **negar es afirmar**.

Afirmación: "Estás logrando tu objetivo, estás aprendiendo a desear la abundancia, el dinero y la prosperidad y a vivir para lograrlo, estás desarrollando tus habilidades de adquirir todo lo que está a tu alcance y de disfrutar su posesión, estás aprendiendo a ser próspero y pleno, al mismo tiempo estás gozando de las comodidades que la vida te otorga, necesitas y quieres millones, te esfuerzas en conseguirlos y para ello estás aprendiendo a poner en práctica todos los medios que te las proporcionarán y sobre todo, estás aprendiendo como multiplicar tu riqueza una vez que la obtengas".

Acompaña esta afirmación con la representación mental de necesitar esto como una prioridad impostergable, como una urgencia, implica a tus 5 sentidos en el proceso de representación, luego relájate y permite que tu pensamiento se ponga en acción.

Capítulo 2

El pensamiento es poder

Afirmación: "Tu proceso se ha activado y el éxito te acompaña. Has aprendido a observar y a contemplar, tus planes te pertenecen, estás abierto y receptivo ante las bendiciones que la vida te da".

El pensamiento en efecto tiene enorme poder y el poder es para ser ejercido con astucia, con cautela y con suprema voluntad.

La única limitante en el ejercicio del poder de nuestra mente somos nosotros mismos, especialmente nuestra natural condición de resistirnos al cambio.

La acometividad es una importante y propicia habilidad por desarrollar, es la mejor arma contra la oposición pues nos permite neutralizar la resistencia a implantar nuevos patrones mentales.

Otros factores determinantes en el ejercicio del poder de nuestra mente son:

- **La Persistencia**: El éxito de la autosugestión radica en la reiteración, hay que blindarse contra la tendencia al abandono y sencillamente insistir y persistir, no temporalmente, hay que persistir hasta conseguir hacer de esto un hábito, un estilo de vida fuertemente arraigado.

- **El cultivo de la autoestima**: nos encontramos trabajando en nosotros y para nosotros, fomentando nuestro sentimiento de individualidad. Nuestra autoestima debe ser punto focal, las personas con elevada autoestima son inertes ante la crítica y la adulación, no por egoísmo sino por egotismo. La fortaleza en nuestros propios valores y en nuestro afecto propio son la tierra fértil en la cual crecerán nuestras amadas semillas.

- **La firmeza y estabilidad en pensamiento, palabra y acción.** Todo debe estar es estricta correspondencia.

- **Decisión, tenacidad y voluntad**: el ejercicio de nuestro poder no es un juego, una vez que conocemos la magnitud de todo cuanto tenemos en nuestras manos, en la energía del bien debemos mantener alineados nuestros esfuerzos.

- **Esperanza y fe es creer**, es estar convencidos, es la certeza de que todo llegará tal cual lo queremos, es nuestra fuerza motora.

- **Constructividad**: es la facultad de hacer cosas materiales e inmateriales. Una habilidad que se desarrolla con la práctica y la correcta estimulación de la imaginación creativa.

- **Nuestro vocabulario personal**: Como es nuestro, podemos hacer lo que queramos con él, especialmente eliminando permanentemente ciertas palabras: fracaso, rendirse, sacrificio y no puedo, entre otras similares.

La reconducción del pensamiento

Instrucción: Antes de dormir, ordena a tu mente despertar a determinada hora sediento. Te sorprenderá el resultado. Esto es solo una pequeña muestra del gran poder de las órdenes correctamente emitidas.

En cierta ocasión me topé con un viejo amigo a quien la vida le sorprendió con un drástico cambio, perdió su amado trabajo, ese al que brindó 17 valiosos años de su vida.

Cuando mi amigo me contó su desdicha de inmediato le abordé con la pregunta de rigor… y ahora ¿Qué piensas hacer? Mi amigo, aun en estado de shock respondió que iba a intentar ser reenganchado en la empresa, algo que veía muy difícil pues él fue víctima de un despido masivo producto de una crisis financiera atravesada por la organización.

Nuevamente lo increpé sobre su futuro… ¿Y si no te reenganchan, tienes un plan B? Yo sabía que él era un muy buen profesional en su área y antes que respondiera le sugerí ¿te has planteado la idea de emprender?... Me sorprendió que sus ojos se clavaron en los míos dando una única señal ¡Terror!

Al cabo de pocos meses volví a ver a Carlos y cuál fue la grata sorpresa, sus ojos tenían un brillo extraordinario. Aquella mirada de miedo profundo cuya imagen quedó grabada en mi mente la última vez que lo vi, había desaparecido.

La gran sorpresa es que Carlos luego de mucho pensar y de atravesar serias dificultades económicas que incidieron fuertemente en su panorama familiar decidió lanzarse al agua y echar a andar una idea de negocio relacionada directamente con sus competencias y habilidades en el campo profesional.

Carlos me comentó que a tan solo 6 meses de haber comenzado su emprendimiento todo había cambiado en su vida, ahora se sentía libre, feliz y su negocio comenzaba ya a brindarle importantes ganancias, también me comentó muy enfáticamente: "soy muy bueno en lo que hago, lo malo era que yo mismo no lo sabía".

En la adversidad, mi amigo Carlos se forzó a sacar a flote la mejor versión de sí mismo y logró convencer a la que hoy es su gran aliada, su mente subconsciente, de lo mucho que juntos podrían lograr.

Las órdenes correctas

Afirmación: "Tu mente se encuentra en trabajo permanente creando, sugiriéndote el propósito y revelándote el plan perfecto para cumplirlo. Tu subconsciente es sabio y siempre te está dando respuestas correctas. Lo que sientes y reclamas dentro de ti se expresa fuera de ti".

No solo se trata de establecer un proceso automático plagado de afirmaciones, decretos y proclamas, que si bien son importantes no son los únicos elementos que cuentan en la reconducción del pensamiento. Hay que acompañar de acciones correlativas que atraigan tanto atención como interés:

- **La visualización**: es decir, formar imágenes mentales de uno mismo en posesión de todo cuanto hemos querido. **Si no lo ves no lo tendrás.**

Es el cuadro mental contentivo de aquella persona que quieres ser, de ese modo imprimimos en nuestra mente la ilusión y damos cabida a la pronta materialización de nuestros ideales. Lo que llena nuestra mentalidad es lo que nos mueve, por ello lo positivo de elegir mentores y de recrear en nuestra imaginación cuanto detalle pueda describir nuestra situación deseada.

- **La conversación**: Aunque te tilden de loco, habla contigo mismo tal y como lo haces con otra persona y en tal sentido diseña tus elementos de autosugestión (afirmaciones, proclamas, decretos, etc).

Ejemplo **Atracción de la riqueza**:

"soy un imán que atrae la riqueza y la prosperidad" es mejor si lo haces – *"Emir (tu nombre), eres un imán que atrae la riqueza y la prosperidad, el dinero es la energía que fluye alrededor de ti, que sale y a ti vuelve multiplicado".*

Notarás que las afirmaciones a lo largo y ancho de esta obra están diseñadas con esta estructura, esto tiene un propósito y no es más que darle fuerza a la impresión que fijarás en tu mente.

Es un hecho comprobado que es más enérgico el **tu eres** que el **yo soy**. En este caso planeamos la sugestión como si la estuviéramos dirigiendo a otra persona consiguiendo la obediencia y aceptación por parte de la mente subconsciente mejor que si la dirigiéramos hacia nosotros mismos.

Ejemplo **Desplazando al miedo**:

"Emir (tu nombre), desde ahora eres la mejor versión de ti, ya no hay miedo ni temor porque confías plenamente en ti y en tus capacidades. Gracias al poder de tu mente estás lleno de fuerzas y valor para lograr todo lo que quieres. Ahora has asumido la actitud positiva necesaria y cada día serás mejor".

Descubrir que podemos mandarnos a nosotros mismos es algo sorprendente.

- **Actos y hechos**: se refiere a la exteriorización de esa parte nuestra que queremos perfeccionar. De tal modo ganamos práctica y la acción reiterada reaccionará imprimiéndose en nuestro pensamiento.

Si quieres ser rico, actúa como rico, muévete como rico, habla como rico, piensa como rico, adopta hábitos de ricos, instrúyete en los ricos, rodéate de ricos.

"Niégate a expresar una pasión y la matarás"

Prof. James

Todo lo anterior se resume en algo denominado **Patrón Coherente del Pensamiento**, esto es pensar, hablar y actuar en estricta y cabal correspondencia.

Dónde nace el éxito

El éxito nace en un único y selecto lugar, nuestra mente, y surge solo cuando aprendemos a programar a nuestro genio interior, nuestro subconsciente.

- *Eres especial y único, logras todo lo que te propones.*

- *El éxito está en ti y en tus acciones, en todos los aspectos y planos de tu vida.*

- *Eres saludable, eres próspero, te rodeas de relaciones armoniosas, eres fuente de amor, das y recibes afecto, tu tiempo mayor es para el disfrute de tu éxito.*

- *Tus pensamientos positivos inundan tu mente, te traen felicidad, abundancia y prosperidad.*

La música, el aliado perfecto

Como habrás podido notar, esta obra más allá de pretender ser un rígido manual de pasos a seguir para alcanzar los millones que siempre has soñado por la vía de la autosugestión, es una especie de guía que pretende sugerirte las mejores prácticas en el mismo sentido, delegando en ti la facultad de construir tu propio sistema de autosugestión alineado a tus gustos, tus propósitos y tu parecer, al fin de cuentas es tu proceso y eres tú quien conoce tus fortalezas y tus puntos de mejora.

En todo caso, cada ejercicio planteado sugerimos lo realices **en estado de ensueño o de letargo** (antes de dormir o recién despiertas) esto tiene una importante connotación y es que cuando nuestros sentidos se adormecen, la mente consciente es más vulnerable y permite el acceso al subconsciente de mejor forma.

Otra práctica interesante es que utilices un excelente recurso, **la música**.

La música, el bien llamado lenguaje universal, tiene la particularidad de influenciarnos enormemente y de crear condiciones favorables para estrechar la línea divisoria entre la mente consciente y la mente subconsciente.

La música pasiva: La música de compases lentos propicia la aparición de ondas alfa (de baja frecuencia) induce al cerebro a disminuir su actividad eléctrica y este emite la orden al corazón para que también disminuya su frecuencia y entre en estado de relajación. Su efecto es pacificar la mente (música barroca o sonidos de agua, trinar de aves y otros sonidos naturales) y optimizarla para recibir de manera más efectiva la sugestión, mejora la memoria, incentiva la creatividad y la aparición de emociones positivas. Es ideal para la práctica de ejercicios de relajación.

La música activa: La música de compases rápidos como la clásica y la romántica activa y estimula la energía del organismo logrando que las moléculas de las emociones vibren con más fuerza y se interconecten de mejor forma con nuestros órganos. Elimina fatiga, estrés y activa la imaginación creativa.

La relajación es importante

La autosugestión es imposible de llevarse a cabo en una mente tensa, angustiada y estresada.

Cada ejercicio de autosugestión es importante entonces **sea precedido de una corta relajación**, así propiciaremos el ambiente perfecto para llevar a feliz término la siembra de fantásticas semillas en el fértil campo de nuestra poderosa mente.

Por otro lado, **la respiración** requiere especial atención y no me refiero al fisiológico proceso de inspirar o expirar, me refiero a la respiración consciente, a esa que realizas suave y detenidamente en tu proceso de relajación.

Ejercicio

Busca un foco de atención visual y concentra tu atención en él.

Respira conscientemente hasta lograr un estado de relajación tal que sientas que te acompañan la paz y la tranquilidad.

Imagina que tu foco de atención visual es tu corazón y entre tanto vas inspirando y expirando sientes y ves como se bombea la sangre hacia este, imagina que tu corazón está descansado y relajado y no pares de respirar del mismo modo que lo vienes haciendo.

Este ejercicio te llevará a niveles óptimos de relajación muy propios para ser proseguidos con la repetición de tu afirmación elegida. Puedes también grabar tus afirmaciones y reproducirlas durante la práctica del ejercicio.

Durante los ciclos de relajación es conveniente llevar a tu mente a la práctica de la reconciliación con tus sentimientos, recuerda que estás construyendo una nueva y mejor versión de ti mismo, por lo cual la limpieza en tu interior debe ser muy profunda. Aprovecha para liberarte de rabias acumuladas, de ira, de odios y regocíjate con la catarsis y el perdón.

La Trilogía del éxito: personal, profesional y económico

Las frustraciones se corresponden a deseos no realizados.

La trilogía del éxito es lo que hace a la vida algo digno de vivir y de disfrutar, algo plenamente alcanzable por fuerza de nuestra única mano y por el instrumento del poder de nuestra mente.

Temor ira y contrariedad son estados mentales que afectan las funciones de nuestro organismo, por el contrario, la esperanza, la fe, el valor y la paz lo vigorizan. Si te sugieres salud, piensa en salud y actúa en salud, si te sugieres riqueza, piensa en riqueza y actúa en riqueza, así sucesivamente hazlo con cuanta idea desees sugerirte.

La felicidad en gran medida depende de 2 factores: la salud y la estabilidad económica. En cuanto a la salud, es preciso evitar que se cuelen en nuestros pensamientos la depresión y la negatividad ello no sucederá si nos anticipamos a colmar nuestro campo de pensamiento, nuestra visión y nuestra acción con ideas positivas, vigorizantes y fortalecedoras, recuerda siempre que la atención siempre encuentra lo que busca y esto es fundamental.

Ahora bien, respecto de la estabilidad económica, es preciso determinar que antes que dinero hay primero que desear la felicidad y la riqueza interior que nunca podrá ser hallada en el exterior.

La prosperidad en especial requiere la tenencia de ciertas cualidades, con la autosugestión apropiada nos reeducaremos para desarrollarlas. Luego, por añadidura todos los componentes de la fórmula se irán añadiendo como parte del flujo natural de la energía positiva que nos embarga.

La grandeza de quienes se han atrevido

El gran secreto de los personajes célebres, famosos y muy ricos a lo largo de la historia ha sido el haber desarrollado la habilidad de entrar en comunicación con su mente subconsciente.

Es una verdad que ha sido proclamada desde los inicios de la humanidad, a lo largo y ancho de toda la geografía del planeta. Jesús, Isaías, Moisés, Buda, Laotse expresaron que todo aquello que está impreso en el subconsciente está dado en el espacio. Toda verdad así sentida en el terreno de lo subjetivo es expresada como una condición, una experiencia o un acontecimiento.

¿Cuál es la verdadera idea que tienes de ti mismo? Vitalidad, relaciones, finanzas son el perfecto reflejo y proyección del significado que respecto de ti mismo se encuentra impreso en tu mente subconsciente y por ende de lo que se manifiesta a tu alrededor.

El fracaso en todo sentido tiene un factor común, la pérdida de la confianza y el desconocimiento del funcionamiento de nuestra mente. Expresiones como:

- Todo va cada vez peor

- Nunca me darán respuesta

- No veo ninguna salida

- Estoy desesperado

- No sé qué hacer

Son frases que impiden respuesta y ante la duda, la mente subconsciente rechaza la acción dejándonos en fase de estancamiento por cuanto estamos reprimiendo se produzca la salida, estamos fatigando a la mente y esta solo cede ante la confianza y la seguridad.

Es como tomar un taxi y darle al conductor varias direcciones o ninguna, ante esta situación es muy probable que el conductor responda tal como lo haría la mente subconsciente, no llevándote al lugar que quieres ir o haciéndolo de muy mala gana.

Idea clara, convicción de que hay salida, certeza de que el subconsciente tiene las respuestas y las soluciones, la clave está en el **sentimiento de convicción**.

"Eso espero" o "Deseo ser millonario" **no son órdenes correctas** porque denotan duda, por expresiones como estas es por lo que algunas veces obtenemos lo contrario a lo que deseamos y esto tiene una muy lógica explicación. Cuando el deseo y la imaginación entran en conflicto, siempre la imaginación sale vencedora:

"Trato de hacerlo, pero es muy difícil" o "quiero ser rico, pero no he podido conseguirlo", **el error está en el sobreesfuerzo**, no hay que intentar obligar a la mente subconsciente a aceptar la idea, cuando lo hacemos la respuesta es justamente lo contrario a lo querido.

El referido sobreesfuerzo es dar por sentado que existe una oposición a la materialización de nuestro deseo, un fuerte condicionamiento en contra y se cataloga como tal porque cuando el subconsciente busca soluciones, no encuentra obstáculos. Es una especie de coerción que solo produce miedo y ansiedad.

Capítulo 3
Autosugestión, la herramienta para sacar
el oro de tu interior

El convencimiento de abundancia, riqueza y prosperidad
produce abundancia, riqueza y prosperidad.

Sugestión y autosugestión aplicada

Afirmación: "Tu poder subconsciente materializará tu deseo, estás en el camino correcto, todo está fluyendo en armonía con tus propósitos. Riqueza, abundancia y prosperidad habitan en ti y en todo lo que te rodea".

Solo son 5 pasos:

- **Reemplaza** la imagen de tus problemas con imágenes de sus soluciones, sí hay salida, siempre hay un camino, encuéntralo.

- **Embárgate** de sensaciones de logro, de éxito. Recrea en tu mente tus mejores momentos, en especial los momentos de tus victorias, asígnales un olor, un sabor, una sensación en particular, un sonido, en fin usa tus sentidos para hacer más vívida la imagen del éxito en tu vida.

- **¡Sonríe!** Aun cuando no tengas motivos aparentes para hacerlo sonríe. Algo grandioso capta tu mente cuando sonríes y en el mismo sentido tu organismo sonreirá, te sentirás plácido, alegre, deseoso y animado.

- **Siente** que estás en posesión de todo cuanto has querido. Inunda tu mente con tu cuadro mental, con tu obra de arte, tu nueva vida.

- **Mantén tu mente consciente ocupada**, cada vez que vengan ideas que sabes no son convenientes actúa, tú tienes el poder y el poder es para ejercerlo. A la mente consciente hay que mantenerla ocupada con las perspectivas del afecto, la tranquilidad, la justicia y el bien obrar, hay que cuidarla pues en línea a lo que ocupe nuestra atención será reproducida y materializada nuestra realidad.

- **Hay que programar y dejar fluir**, el proceso debe ser gozado y disfrutado, ten paciencia, si alineas tu campo de pensamiento a tu propósito y trabajas en tus ejercicios todo irá sucediendo poco a poco, hay que darle espacio y tiempo a la energía para que bien haga lo suyo.

Cuando la autosugestión falla

Seguramente antes trataste de emplear la metodología de las afirmaciones como un uso en tu vida y es posible que te hayas decepcionado al no haber palpado resultados.

Sucede que tal como hemos referido, **ante órdenes confusas o mal dirigidas el subconsciente no opera eficazmente**.

"Soy millonario, soy rico, soy próspero y mi situación no cambia" y al cabo del tiempo la situación empeora, es algo común.

Ante ello, es conveniente dejar claro que **afirmar no es solo repetir**, es mucho más, es creer y en la medida en que repites y afirmas, creer con más convicción y más sentimiento en lo que se está afirmando y repitiendo.

Cuando expresas **necesidad dudosa, sugieres pobreza**, es como mentirse a sí mismo, el consciente detecta esto rechazando y no permitiendo la entrada de la orden al subconsciente.

Entonces, para evitar que consciente y subconsciente entren en conflicto, como siempre, en estado de ensueño trabaja en esta afirmación:

"Cada día que transcurre prospera mi vida en todo sentido, mis finanzas mejoran todos los días".

Esta sencilla oración desplaza el conflicto y acondiciona la interacción correcta entre consciente y subconsciente.

"No tengo dinero", "no tengo nada", "hay escasez", "las deudas me consumen" son afirmaciones que se equiparan a la acción de girar **cheques sin fondo** y la consecuencia es atraer situaciones negativas que nublarán aún más el panorama. El subconsciente actuará anidando el temor, obstaculizando la salida, propiciando más desilusión y más penuria, es una especie de auto sabotaje.

Cada vez que la mente consciente traiga esas ideas que sabes que debes erradicar de tu vida no luches contra ellas, simplemente ten un plan de acción a mano y procede a reemplazarlas con tus pensamientos y afirmaciones de abundancia, éxito, riqueza y prosperidad. No hay que darle cabida a la duda, el temor o la desconfianza.

Si tu mente consciente te dice *"No podré pagar mis deudas"* tu responderás *"**Cada día prosperas más y más**".*

Otra causa por la cual la autosugestión puede fallar es cuando abrigas sentimientos de **crítica** y de **envidia** hacia otros que sencillamente se han adelantado en el camino y hoy gozan de las bondades de la vida, las cuales son muy merecidas por cierto, porque todos merecemos prosperidad y felicidad. Regocíjate en el bien que se manifiesta en los otros y te regocijarás en tu bien.

Antes de hablar, piensa, antes de pensar, relájate y llénate de sentimientos de paz, de amor y de bondad.

En estado de ensueño repite hasta quedarte plácidamente dormido: *"Riqueza, abundancia, prosperidad"* verás el milagro de la mente subconsciente obrar en ti, repite estas palabras también en tu día a día, en especial en aquellos momentos en los cuales tu mente consciente te traiga ideas que no necesitas o que interfieren en tus propósitos, haz de estas palabras tu foco de atención principal.

Atracción de la riqueza por Autosugestión

La razón por la cual hasta hoy has atravesado dificultades de tipo financiero o sencillamente no te encuentras en posesión de la riqueza económica que aspiras no se corresponde ni con la mala suerte que por cierto es un concepto inexistente, ni con el cuento de que los ricos están completos, ni con alguna de esas afirmaciones sin sentido que has recibido a lo largo de tu vida.

Se trata de algo más profundo, es porque no **has logrado convencer a tu mente subconsciente de que puedes tener todo el dinero que puedas creer y más.**

Tampoco es cuestión de vivir esclavo del trabajo pues esta faceta de nuestras vidas es eso, una faceta, una parte. Existe un sector de adeptos a la idea de que el trabajo duro es la única fuente de la riqueza, **saca esa idea de tu patrón de pensamientos** pues no es para nada cierta.

Llevar al subconsciente la orden de que seremos prósperos, abundantes, ricos y felices es un precepto que tal como toda idea a implantar en nuestra mente debe estar clara y precisamente definida, y el sobreesfuerzo no constituye parte de la orden pues es hecho público y notorio la existencia de personas que trabajan pocas horas al día y logran ganar cuantiosas sumas de dinero sin esclavizarse y sin darse mala vida.

Para empezar a esclarecer la idea, debemos inclinarnos hacia aquello que nos produce gusto, satisfacción y para lo cual nuestra tendencia vocacional se inclina. El trabajo también es placer o mejor dicho, debe ser fuente de placer y alegría.

Ambición, convicción de merecimiento, conocimiento e imaginación creativa al servicio de nuestra tendencia vocacional.

Prosperidad, abundancia y riqueza se resumen en convicción subconsciente individual. Soy millonario no te hará rico, debe haber una o varias imágenes mentales que complementen la clara idea de la riqueza, tu propia conciencia de prosperidad.

Cuando estamos en presencia de una crisis económica, perdemos el norte, lo común es caer en la desesperanza y en la desesperación con lo cual solo logramos extender el patrón de pobreza y muy pocos recurren a la solución efectiva, a la inagotable reserva que dentro de sí mora, al apoyo de la mente subconsciente.

Expresión poderosa:

"Abundancia, prosperidad, riqueza y éxito viven en ti, son para ti".

Esta corta pero sustanciosa frase representa el impulso interno de poder de la mente subconsciente. La convicción de riqueza produce riqueza cuando sea una idea fijada en la mente, no antes.

Autosugestión fuente de dicha y prosperidad.

La riqueza es nuestro sagrado derecho. Vinimos a esta vida a gozar de la abundancia que en ella hay y que por nuestra condición de personas a cada quien nos corresponde.

La finalidad de todo ser humano es su crecimiento en lo mental, lo espiritual y lo material, es nuestro derecho inalienable vivir en la riqueza ¿por qué esperar de la vida solo lo indispensable si lo podemos tener todo?

Desear riqueza y abundancia es un amplísimo concepto y por ende no solo se delimita al dinero, desear riqueza es desear plenitud de vida en toda su profusa abundancia, no solo es un buen deseo, **es el mejor de los deseos**.

El dinero representa libertad y tranquilidad. Ni la pobreza es virtud ni el dinero es la raíz de los males.

Una gran afirmación:

"La riqueza y el dinero circulan en tu vida de manera constante y permanente, te gusta el dinero y sabes utilizarlo sabiamente, de forma siempre constructiva. El dinero fluye en tu vida, gastas con alegría y a ti regresa multiplicado para seguir llegando en torrenciales abundantes. Usas el dinero en la energía de lo positivo y estás satisfecho en alma, cuerpo y mente".

Atrevernos a reclamar nuestro derecho a la riqueza hará que nuestro subconsciente nos honre con su respuesta. Permanecer en la abundancia es saber afrontar los normales ciclos, al haber merma, la convicción siempre debe estar enfocada en que volverá a subir y cada vez será más.

Pide riqueza, paz, felicidad, amor y bondad, irradia amor, siente y proyecta la paz, así la mente subconsciente te lo devolverá con creces.

Cuando planees tus ejercicios de autosugestión **ten en cuenta programar las órdenes correctamente**, para ello, sigue estas sugerencias:

- Redacta tus guiones **siempre en positivo**

- **Utiliza el tiempo presente** cual si ya estuvieras en posesión, el tiempo futuro solo para dar continuidad de algo que ya sentimos como nuestro y no evoques el pasado que justamente así se llama porque ya pasó.

- **Especificidad,** mientras más detalles contengan tus afirmaciones más efectivamente accionará tu mente.

- **En segunda persona:** redacta tus afirmaciones como si le estuvieras hablando a otra persona, recordemos que hay mayor impacto cuando la orden se emite de esta forma.

- **No expreses voluntad:** yo quiero, yo deseo debería, tendría, recuerda que estás en posesión y si denotas voluntad tu mente consciente e inconsciente entrarán en conflicto trayendo a ti todo lo contrario a lo que deseas. Cambia el "yo quiero tener éxito" por el "tienes éxito en todo lo que te propones".

- **Reiteración y visualización:** abre tu mente y dale la libertad de crear tu mapa, tu imagen de la riqueza de forma vívida y real. Sé reiterativo, insiste, afirma y repite hasta tanto se automatice la sugestión en tu mente. Luego continúa con otras y así sucesivamente.

- **Duración de las sesiones auto sugestivas:** esto es algo muy personal, cada quien debe decidir qué tiempo dedicarle. Es recomendable un mínimo de 2 sesiones diarias de 10 min c/una y preferiblemente en estado de ensueño.

Capítulo 4
Utiliza los secretos de la publicidad para manejar tu subconsciente

El poder de la publicidad

Para abordar el entendimiento de la publicidad debemos primero entender en una forma simple cómo funciona la psicología humana.

Las personas, tal como lo hemos referido en nuestros anteriores capítulos se rigen por patrones de comportamiento y de conducta.

Uno de los patrones de comportamiento más explotado es el del **miedo natural a lo desconocido**, el ser humano se siente más seguro en condiciones conocidas, es decir, aquellas que le sean familiares.

Las personas por lo general optan por lo conocido que han escuchado, frente a las opciones desconocidas que le generan incertidumbre.

¿Pero qué tiene que ver la publicidad con mi mente y la psicología del ser humano?

Pues la respuesta es **MUCHO**, tiene mucho que ver, porque a través del estudio de la psicología se han desarrollado herramientas y técnicas publicitarias para influir en la psique y el comportamiento de las personas.

La publicidad se ha convertido en una herramienta de programación de la psique del ser humano para influir en su comportamiento y en sus hábitos.

Desde muy pequeños en el inicio de nuestras vidas hemos sido objeto de un bombardeo publicitario, constante de información a través de nuestros canales multisensoriales con un determinado fin.

¿Cuál es el motivo para tal bombardeo de información?

Simplemente programarnos para que pensemos de una determinada forma o que adoptemos creencias en lo profundo de nuestra mente.

Tú has llegado a una tienda o a un supermercado y ante una oferta diversa de marcas y productos, terminas por comprar la más conocida, sin hacer ningún tipo de análisis.

Esa decisión no la tomaste tú, fue tomada en tu subconsciente gracias a que lo que has recibido como publicidad está en tu subconsciente, como una creencia.

¿Cuál es la razón para que ni siquiera hayas considerado ver las etiquetas de los otros productos a ver si es un producto tal vez de mejor calidad o su precio es más razonable? pues es simple la respuesta, **has sido programado para ello**.

La empresa que hace el producto en referencia ha invertido millones de dólares en publicidad para llegar hasta tu subconsciente.

El producto desconocido lo rechazas porque simplemente lo asocias con incertidumbre a lo desconocido. Los publicistas saben que esta es la naturaleza del ser humano y la explotan para su beneficio y el de sus clientes.

Pero, **¿Como lo han hecho?**

Esto ha sido un trabajo sutil realizado mientras te entretienes y no te das cuenta.

Los mensajes publicitarios son repetitivos con una frecuencia alta y un mensaje estudiado para que se quede en tu subconsciente.

Además el mensaje en muchas ocasiones es audio visual y emotivo de modo de llegar por múltiples sentidos a tu cerebro. A través de un cachorro chistoso o un bebé con una mirada traviesa, llegan también a tus emociones y su mensaje es más efectivo.

Son los mismos principios de la autosugestión, un mensaje fuerte, repeticiones constantes y la utilización de varios sentidos para que ese mensaje, esa idea, pase del plano consciente al plano inconsciente y se convierta en una creencia o un propósito de tu vida.

El problema con el mensaje que la publicidad lleva a nuestro subconsciente es que lo hace sin nuestro permiso, lo hace por los intereses de las grandes corporaciones.

La publicidad también ha sido usada para propósitos muy oscuros, como por ejemplo aquella que ha incitado al odio, a la guerra o a la xenofobia usada por regímenes dictatoriales para oprimir al hombre por un sistema que solo trae pobreza y miseria.

Con esto no pretendo decir que la publicidad sea maligna, simplemente que es una herramienta muy valiosa para modificar los hábitos de las personas, y esto, produce mucho dinero.

La Publicidad subliminal

La publicidad subliminal es una técnica publicitaria que consiste en insertar mensajes muy sutiles que el cerebro consciente no percibe y que van directo al inconsciente, su uso ha sido muy controvertido a tal punto que ha sido prohibida en la legislación de muchos países.

La publicidad subliminal induce al consumo de un producto porque se enfoca en ir directo al subconsciente, el mensaje subliminal está diseñado para que las personas no perciban el mensaje de forma consciente.

Ciertamente la publicidad subliminal no es definitiva para modificar la conducta del consumidor, pero definitivamente puede influir en hábitos de consumo, esta clase de publicidad es considerada ilegal y poco ética, porque su objetivo es influir en la mente profunda sin mediar un análisis consciente del individuo. En mi opinión este siempre es el fin de la publicidad.

Pero, es muy difícil demostrar que se ha incurrido en el uso de mensajes subliminales, por lo que es casi imposible determinar cuando la publicidad es legal o es ilegal.

Este tipo de publicidad está enfocada a manipular los impulsos de las personas que no pueden ser comprendidos de forma consciente. Como por ejemplo querer tomar cerveza los viernes, o comprar frecuentemente una barra de chocolate cuando llegas a la caja del supermercado. Estas conductas son impulsos que se asocian a emociones que vienen del subconsciente.

De eso se trata la publicidad subliminal, de crear impulsos de compra específicos que no tienen absolutamente nada que ver con el análisis consciente del comprador, pero aún así modifican la conducta de quien observa estos mensajes que son imperceptibles para la mente consciente o superficial, pero son almacenados en la mente profunda o subconsciente.

La publicidad subliminal persigue crear un simple impulso "inexplicable" desde el subconsciente.

El sector comercial e industrial son los principales beneficiarios de la publicidad subliminal, esto debido a que se incrementan las ventas de determinados productos y esto a su vez aumenta las ganancias de muchas empresas.

Aunque esta técnica de sugestión publicitaria es utilizada, muchos potenciales anunciantes prefieren mantener distancia con estos controvertidos métodos por cuidado para sus respectivas marcas, muy a pesar de que está comprobada su utilidad en cuanto a la actividad comercial.

Lo especialmente relevante sobre la publicidad subliminal es ponernos en contexto el gigantesco poder que tenemos en nuestro cerebro.

La publicidad y el subconsciente

Las empresas y anunciantes del mundo gastan cifras millonarias en publicidad de sus productos para garantizar el consumo de los mismos y mantener encendida toda una logística de producción que en la mayoría de los casos abarca varios países y miles de personas trabajando de forma directa e indirecta en ello.

Por esta razón la industria publicitaria estudia cómo piensa el ser humano, ellos saben que la mente consciente se encarga de la atención voluntaria a un estímulo, la acción de pensar, el análisis y la recepción de información de los sentidos y del **subconsciente**.

Pero existe la llamada mente profunda o **subconsciente** que se encarga de tomar decisiones y de crear el marco de nuestras emociones, es en donde reside nuestro cuadro de valores y creencias.

Los publicistas trabajan para manipular nuestro subconsciente, porque si bien el pensar y analizar son actos conscientes, la toma de decisiones la hacemos pensando y confrontando los resultados con nuestro marco de creencias que está en el subconsciente.

Es una carrera por situar sus ideas en nuestro subconsciente, aquel dicho de la sabiduría popular de que **una mentira repetida mil veces se convierte en verdad**, no es un simple mito. Nos indica que una idea mil veces repetida, pasa de la mente consciente al subconsciente y cuando esto sucede se convierte en una creencia o en un propósito.

La ciencia pone a disposición de la industria publicitaria cada vez más herramientas avanzadas para plantar semillas en nuestro subconsciente, como el **neuromarketing**, que están cada vez poniéndose más en uso.

El neuromarketing se encarga de estudiar los efectos de la publicidad en el cerebro y el cómo se afecta el comportamiento de los clientes potenciales, para ello se valen entre otras herramientas como son las imágenes por resonancia magnética funcional.

El estudio de estas imágenes ha ido revelando qué áreas del cerebro están asociadas a determinados actos como el comprar. Estas investigaciones llevaron a la conclusión de que la decisión de comprar un producto no es un acto racional. Se concluyó que es un acto inconsciente.

Por eso la publicidad no trabaja para demostrarte que determinado producto es el mejor, por sus cualidades y la relación calidad precio. Por el contrario **el sistema publicitario trabaja para llegar a tus emociones**. El objetivo no es que pienses, el objetivo es que compres sus productos y para ello debes simplemente tener el mensaje en el subconsciente.

Un proceso complejo para su estudio en el **neuromarketing** es el proceso de selección de un producto. Se ha determinado que en gran medida es un acto automático, estas acciones son derivadas de hábitos adquiridos durante toda la vida, así como el contexto sociocultural que rodea al individuo.

Por eso las grandes marcas destinan un porcentaje de sus ventas a los fondos de publicidad y este no se modifica aunque la empresa pase por dificultades financieras. Estas corporaciones están conscientes que **el activo más grande que tienen es permanecer en la mente subconsciente de sus consumidores**, por ello nunca para el bombardeo publicitario sobre su objetivo.

Podemos pensar que la inversión en publicidad de algunos de los gigantes de refresco de cola, no están justificadas, puesto todos conocen esas marcas, pero aun así vemos publicidad de estas empresas a diario a nivel global.

Claramente el objetivo de su publicidad no es que se conozca su marca, eso ya se logró hace tiempo, **su objetivo es permanecer en el subconsciente de la masa para que consuma regularmente su producto**.

A causa de este **neuromarketing** es que terminamos comprando más cosas de las que necesitamos. También pagamos más de lo que sería justo por un producto que "creemos" es muy superior.

El arte de vender

El arte de los vendedores es sin duda **el arte de la manipulación**, los vendedores usan múltiples formas de persuasión para convencernos de una compra que puede ser conveniente o no para los intereses de los compradores.

Una de las máximas de los vendedores es que la gente compra lo que quiere, no lo que necesita, **los deseos son más fuertes que las necesidades**, por eso vemos que las personas que tal vez necesitan un producto como un vehículo compacto, después de ir con un vendedor terminan con una camioneta familiar, más costosa y poco funcional.

Pero qué hizo el vendedor para hacer que el comprador accediera a una compra que excede claramente sus necesidades, pues sencillo, **el vendedor lo atacó por sus deseos y emociones**. En otras palabras usó lo que hay en el subconsciente del comprador.

Por eso la primera máxima del arte de vender es precisamente reconocer los deseos de sus potenciales clientes.

El reto para el vendedor es descubrir rápidamente un deseo que convierta una compra tal vez planificada y pensada en un acto irracional e impulsivo.

Existen vendedores y campañas publicitarias tediosas que solo muestran las cualidades del producto, en estos casos nos conseguimos con vendedores muy insistentes casi frustrados porque consiguen que su público piense, pero no consiguen desencadenar la venta.

Eso sucede porque la decisión de comprar **NO ES RACIONAL**, es completamente emocional y obedece al cuadro de valores, creencias y deseos del individuo.

Si una persona siempre ha querido tener por ejemplo un auto deportivo, llega a una venta de carros y va en busca de algo económico y funcional, que son sus necesidades lógicas y reales, pero el vendedor hábilmente se muestra muy amable, casi como un amigo de toda la vida y mantiene una amena charla con el potencial cliente.

¿Que está realmente haciendo el vendedor?

Pues bien, el vendedor de forma muy inteligente está creando un **vínculo de confianza** con su potencial comprador, puesto sabe que el ser humano rechaza lo desconocido y si primero se hace familiar y **"amigo"** del cliente, tiene asegurado que no busque otro vendedor que ofrezca el mismo producto y sus posibilidades de venderle aumentan a cada minuto.

En segundo plano **está haciendo un diagnóstico de tus deseos y creencias**, puesto sabe que son los desencadenantes para cerrar una venta aunque racionalmente no sea la mejor opción.

Si él descubre el deseo por los autos deportivos que hay en el subconsciente del cliente, lo va sentar en un hermoso deportivo y allí mismo le pondrá los papeles para cerrar la compra.

Una operación que nada tiene que ver con lo racional. Quien conoce tu subconsciente tiene poder sobre tus decisiones.

Ellos también conocen en mayor o menor medida los gustos de acuerdo a las edad, sexo y cultura del comprador.

Los mejores vendedores no trabajan con la lógica a sus compradores, ellos van por sus emociones y deseos. Ese es el arte de vender.

Nuevamente vemos como las grandes corporaciones se enfocan en nuestro subconsciente y enseñan a sus vendedores a crear un vínculo con sus clientes, porque es una forma de llegar al subconsciente de los compradores.

Cómo influir en tu subconsciente mediante las técnicas de la publicidad

Los publicistas y vendedores estrellas se valen de su conocimiento del funcionamiento del cerebro humano para influir en nuestros hábitos de consumo.

Los vendedores se valen de lo que detectan hay en tu mente profunda, en tus deseos para sacarte más dinero de los bolsillos. Pero, a partir de ahora tienes ese conocimiento y lo puedes empezar a emplear para tu provecho personal.

Desde ahora vas a plantar las semillas que tu decidas en tu subconsciente, aquellas ideas que son realmente para tu provecho y que están asociadas a lo que quieres ser. Tu subconsciente tiene que ser usado para tu provecho principalmente, no para el de las grandes corporaciones que influyen en tus hábitos de consumo.

Tus deseos y planes futuros son perfectos para que tú mismo diseñes una campaña publicitaria, diseñada por y para ti, para terminar por influir en tu subconsciente.

Tu imagen de éxito futuro, qué quieres llegar a ser es tu objetivo. Convierte esto en mensajes que van a bombardear tus sentidos, haciendo uso de mensajes escritos en tu baño, oficina, habitación y en todos los lugares que frecuentas.

Así como hace la publicidad que mientras escuchas la radio en tu carro rumbo al trabajo te bombardean de mensajes y cada vez que miras en la calle ves sus avisos, o mientras ves la televisión o usas el internet te invaden cada espacio, de esa misma forma tú puedes construir tu campaña personal y comenzar el bombardeo esta vez a tu favor. Para ello necesitas:

- **Un mensaje poderoso**, que son tus objetivos y metas
- **Repeticiones constantes**, un bombardeo constante con tu mensaje.
- **Usar varios sentidos para hacer llegar tu mensaje**, imágenes visuales y crea contenido auditivo que llene cada momento y cada espacio de tu diario vivir.

Ahora que conoces uno de los grandes secretos de las fortunas de las corporaciones, usa ese conocimiento en tu favor, cuestiona tus decisiones si provienen de un análisis u obedecen a impulsos de tu subconsciente y aprovecha el poder de tu cerebro millonario para tu provecho.

Capítulo 5

Del pensamiento ganador al millonario que está dentro de ti

"Si buscas resultados distintos no hagas siempre lo mismo"

Albert Einstein

Acepta el reto y sal de la zona de confort, sé parte del 1% más rico de la población

Hay datos que avalan que solo el 1% de la población mundial posee tanta riqueza como el 99% restante. Esto quiere decir que apenas el 1% de la riqueza del mundo la posee el 99% de las personas.

Para ser parte del selecto club del 1% más rico hay que salirse de la caja, dejar atrás la zona cómoda y convertir nuestros deseos en acciones como lo han hecho quienes han construido su fortuna de la nada y hoy ocupan los primeros lugares de esta élite:

- **Mark Zuckerberg** salió de la zona cómoda cuando inició una red social online en la universidad de Harvard, con el tiempo llegaría a ser el gigante **Facebook**.

- **Henry Ford** nunca estuvo en la zona cómoda cuando logró desarrollar el sistema de producción en masa que llevó a **Ford Motor Company** a convertirse en una de las empresas icónicas del mercado automotriz mundial.

- **Howard Schultz**, pasó de ser un empleado en el área de mercadotecnia en **Starbucks** a ser el líder que llevó adelante el proceso de expandir a una las franquicias de más éxito y acelerado crecimiento en el mundo.

Es impostergable encender la llama del cambio en tu vida, ahora vamos a pasar del estado consciencia, del "qué es necesario cambiar en mi vida" para alcanzar los objetivos para los cuales vine al mundo.

A partir de hoy decreto que soy un ser millonario, que vivo en Felicidad y Abundancia.

Existe un lugar donde habitan los pensamientos de la mayoría de los seres humanos, es un lugar tranquilo en la psique donde todo es conocido, no hay riesgos mayores, la existencia es tranquila y predecible. Este lugar es llamado la **Zona Cómoda.** Este espacio que parece apacible y seguro, es un gran engaño para el cual hemos sido programados, es un lugar peligroso que devora lentamente los sueños y las ilusiones de quienes usualmente habitan allí.

En ocasiones llegas a considerar que vives bien, tranquilo y en consecuencia adoptas una **postura relajada,** sin darte cuenta que te estás estancando y que te conviertes en un zombie del sistema del cual pareciera no puedes salir.

Debes trabajar muchas horas, para **pagar cuentas infinitas,** siguen pasando los días y el único cambio es **que te haces viejo,** pero nunca alcanzas la riqueza ni la independencia financiera y tus sueños y anhelos se quedan en un estado de **"PENDIENTE",** así llegas a la hora de tu retiro con una pensión insuficiente y con la necesidad de trabajar hasta muy viejo. Luego caes en cuenta que solo has trabajado para el sistema, pero el sistema nunca ha trabajado para ti.

Es tan peligrosa esta **Zona de Confort** que limitará tus capacidades de crecer, de vivir una mejor vida, de lograr tus sueños y de auto realizarte como persona.

El gran navegante **Cristóbal Colón**, para los años de 1.480 vivía una vida cómoda, estaba casado con Felipa Moniz, una aristócrata hija del colonizador de la isla de Madeira, tenía un hijo, gozaba de prestigio y faenaba como capitán de barco en los mares circundantes de Europa.

Pero en 1.492, **decidió ir a lo desconocido** en una empresa de alto riesgo, pues se pensaba que hacia el oeste estaba el fin del mundo. Él navegó más allá de los confines conocidos por el hombre europeo, meses y meses en altamar para llegar a lo que hoy es América.

Incluso Colón pensó había llegado a las indias orientales y que había circunnavegando el globo terráqueo.

Su proeza significa el encuentro de dos mundos y marca el inicio del dominio del hombre sobre los mares.

Esa actitud del magnífico navegante Genovés es un ejemplo inspirador de lo que es salir de la zona de confort.

La mayor dificultad para salir de la rutina que **no te deja crecer** es dejar atrás las 10.000 excusas para no afrontar los cambios.

¿Por qué debes salir de la zona de confort?

- **Porque solo así tomarás el control de tu vida** y llegarás a ser quien quieres ser, dejarás de ser parte de la masa de personas que vive por consecuencia del sistema y tu realidad será el resultado de tus acciones conscientes.

- **Porque inspirarás a otros,** salir de lo fácil y de la rutina es un acto valiente que inspira a los demás, eso precisamente es liderazgo.

- **Porque elevarás tu autoestima,** cuando empiezas a salir de la rutina descubres que eres capaz de lograr tus sueños, liberar las ataduras de la programación que tienes en tu cabeza y cambias tu forma de ver la vida. **Te conviertes en un sujeto activo de tu destino.**

- **Porque lograrás tus objetivos de riqueza,** al tomar el reto de salir de tu zona de confort, **se encenderá la chispa que te permitirá pasar de las ideas a las acciones** y las acciones te llevarán con persistencia al éxito económico.

Define objetivos y metas

Las grandes corporaciones globales no han llegado al éxito por simple casualidad de explotar un rubro rentable, tampoco se debe a que ejerzan posiciones monopólicas u oligopólicas, estas iniciaron como pequeños negocios con **VISIÓN** conocieron el éxito y simplemente crecieron.

Estas corporaciones no dejan nada al azar, menos sus principales líneas estratégicas, que son la Misión, Visión y los Objetivos Estratégicos.

La misión es un planteamiento filosófico del para qué existe una organización. **La visión** es el espejo a donde se mira en el futuro y los

objetivos estratégicos son los que le marcan el camino entre la realidad actual y su futuro deseado.

Entonces, debemos llevar ese secreto de las corporaciones exitosas a nuestro plano personal.

A partir de ahora desarrollaremos un pensamiento estratégico: **Saber qué quieres y por qué lo quieres.** **El hacia dónde vas** es una de las claves fundamentales del cambio que se deben dar tanto en tu ser consciente, así como, en el inconsciente para llegar a convertir tus sueños de autorrealización y de riqueza en patentes realidades.

¿Cuál consideras es la tu misión en la vida? ¿Qué es esa actividad en la cual sientes que tienes ventajas por tus habilidades y que te hace sentir confortable realizarla? Esa actividad que más que un trabajo es un placer y que la haces con pasión y total entrega.

Cuando estés claro de ello tendrás tú **Misión**.

Ahora, ¿a dónde quieres llegar? ¿Cuáles son tus ambiciones y cómo te ves en un futuro exitoso?

Esa empieza a ser tu **Visión** de futuro.

Y finalmente, ¿Cómo vas a llegar a cristalizar tus anhelos?

Estos son tus **objetivos estratégicos y metas**.

No comiences por definir el futuro y cuáles son tus objetivos, el punto de partida primordial son tus intenciones y motivaciones en la vida.

Tus objetivos serán la llama que encenderá el motor para salir de la zona de confort rumbo al éxito.

La convicción de que estás en el camino correcto y que el logro progresivo de tus objetivos y metas construyen el camino y la confianza para que tus deseos se conviertan en una futura realidad.

Cuando no tienes establecidos tus propósitos y metas, tus acciones son el resultado de la rutina o de lo que el sistema te dice que hacer, pero el sistema trabaja para que seas uno más de la gran masa.

Para que logres tus objetivos debes salir de esa rutina.

Pensar Diferente

El grueso de la población trabaja para subsistir, mantener un modesto pero respetable modo de vida a costa de mucho esfuerzo y muchas horas de trabajo que no son bien retribuidas.

Los dueños de empresas llegaron a esas posiciones privilegiadas en donde su trabajo recibe elevadas recompensas, incluso tienen asegurado un elevado modo de vida sin trabajar, **porque sencillamente se atrevieron a pensar diferente y a PLANEAR cómo llegar a la riqueza.**

Para ello explotaron sus habilidades al máximo y se dedicaron con pasión a perseguir **SUS OBJETIVOS**, no los del sistema.

Si alguna persona desde que se levanta no tiene la convicción de sus propósitos y objetivos y no destina un esfuerzo adicional para conseguirlos durante su larga jornada, está en el camino de lograr absolutamente nada.

Los objetivos y metas los vas a alcanzar en la medida que pongas siempre ese esfuerzo adicional que te va a hacer único y que te llevará a la riqueza.

Los objetivos que establezcas para tu vida deben estar en armonía con tus deseos y valores. Estos deben ser claros y concisos para ti. La ambigüedad de objetivos y propósitos es la madre de los fracasos, objetivos lanzados al viento porque suenan bien o no tienen sentido no te van a llegar a ningún lugar, algunos ejemplos son:

- Ser feliz
- Ser exitoso
- Tener una carrera
- Vestirme a la moda
- Tener el último teléfono móvil

Ser claro y específico en lo que quieres te llevará por el camino correcto, un objetivo mejor formulado es:

"Convertir mi restaurante familiar en una cadena de franquicias exitosas con trascendencia internacional"

Este objetivo como vemos de un propietario de un pequeño restaurante tiene como propósito personal que el regente del pequeño restaurante lidere su restaurante, para convertirlo en un concepto exitoso capaz de ser replicado en muchos lugares siempre con resultados positivos.

La riqueza y el éxito **son subproductos** de ese objetivo, la motivación te la va a brindar el camino.

Lo más importante es trabajar con ímpetu y perseverancia haciendo todos los días un esfuerzo adicional para convertir al pequeño restaurante en el concepto ideal para llevarlo al sistema de franquicias.

La persona que tiene este propósito no solo va en la mañana a abrir sus restaurante, a asegurarse que haya buena comida y que sus clientes sean atendidos y luego cerrar. Su labor trasciende a un plan, debe optimizar cada proceso y llevarlo a manuales de operación, estandarizar materias primas y procesos para luego hacer un trabajo con posibles inversores. Luego probar y ajustar el concepto en otras locaciones para lanzarse al crecimiento, **ese es el camino al éxito**.

El camino a la riqueza es trabajar en lo que te gusta, haciéndolo con pasión, poniendo un esfuerzo adicional a diario en seguir tus objetivos.

Planea tu camino al éxito

El significado del **ÉXITO** puede ser tan controvertido como diversas son las formas del pensamiento humano.

La palabra éxito proviene del latín *exitus* que significa salida y que filosóficamente tiene que ver con el final de una tarea, un propósito.

Éxito es alegría, triunfo, un estado de euforia por lograr alcanzar un objetivo que implica un gran esfuerzo.

El primer punto para ponerte en camino al éxito es definir qué es el éxito para ti, cómo te ves siendo una persona exitosa.

Explota tus talentos pues es vital que tengas pasión por tus propósitos, pero mejor aún es tener pasión con talento, no importa que seas sobresaliente como pintor, escritor, programador, constructor o vendedor, lo verdaderamente importante es que tus objetivos estén al lado de tus talentos para que hagas tu trabajo con pasión y motivación. **Todos tenemos un Don, un regalo que nos dio Dios**, encuéntralo, si ya lo tienes identificado cultívalo y desarróllalo.

Define tu camino al éxito, así como quien construye una casa no lo hace en un día, ni empieza por los detalles, tú debes empezar por dibujar tu camino al éxito que serán tus planos para construir tu futuro millonario.

Dibujar ese mapa es determinar hacia dónde quieres ir y qué quieres lograr. Llevar esa programación a lo más profundo de tu mente en el subconsciente, mediante **autosugestión** es vital para que el poder de **tu cerebro millonario** y la **ley de atracción** lleven a tu camino las condiciones y personas necesarias para tus propósitos, **eso es armonía de tus deseos con el universo.**

Luego debes comenzar por las bases, que son las acciones que te sacarán de tu situación actual a ponerte en camino a lo que tanto anhelas. Todos los días debes dar un esfuerzo adicional para acercarte a tus sueños.

La **ACTITUD** hacia tus objetivos y orientación al logro es vital para que no desfallezcas en el esfuerzo, recuerda, vas a encontrar innumerables inconvenientes y obstáculos que cruzar, sin embargo debes tener en cuenta que si perseveras y tomas los fracasos circunstanciales como aprendizajes, serás un líder más fuerte y preparado para el éxito.

Recuerda que no existe el éxito sin esfuerzo.

"Somos lo que hacemos día a día.

De modo que la excelencia no es un acto, sino un hábito"

Aristóteles

Trabaja en mejorar tu productividad

Stephen Covey en su libro los siete hábitos de la gente altamente efectiva hizo una interesante investigación sobre qué diferencia a una persona promedio de una persona extraordinaria, y llegó a una importante conclusión, la diferencia está en la **productividad**.

El éxito no es trabajar más horas al día y obligar a tu equipo a jornadas de esclavos, los logros llegarán en la medida en que trabajes cómodo, relajado y te concentres en aquellas acciones que te llevan directamente a lograr los objetivos y no te distraigas en la rutina.

Un corredor de Wall Street puede hacer mil llamadas telefónicas en el día para buscar un cliente para un portafolio que promociona la firma para la cual trabaja, sin duda es un trabajo duro, pero si no cierra ningún negocio es una pérdida de tiempo.

Si este mismo corredor solo hace 50 llamadas en el día, y dedica el tiempo restante en investigar clientes potenciales, probablemente conseguirá un éxito en 10% de las llamadas, que al final del día serán unos 5 contratos que definitivamente lo acercarán a sus objetivos.

Hay conceptos diametralmente enfrentados entre las personas eficientes y las eficaces, siendo eficientes aquellos trabajadores abnegados que hacen el trabajo correcto de la forma establecida. En cambio las personas eficaces logran los objetivos de formas creativas, invirtiendo menos recursos y desarrollando nuevos métodos de trabajo, más productivos, **allí está la clave**.

Adopta hábitos de millonario

El éxito es el resultado de acciones inteligentes ejecutadas de forma sistemática y coherente y de forma permanente en pro de un propósito. Para pasar de la realidad actual a obtener la riqueza que deseas, es impostergable adoptar los hábitos que son más comunes en los millonarios y son mucho menos comunes en la población en general.

Si adoptamos la mayoría de estos hábitos millonarios, consecuentemente vamos a llegar a la riqueza.

1. Los millonarios en más del 80% dedican su jornada a **contribuir con sus objetivos de corto, mediano y largo plazo**, eso indica que antes que todo **tienen un plan**, han invertido tiempo en **planificar su futuro**. Más del 75% de las personas en edad laboral está completamente sumergidas en la jornada descuidando lo importante y el futuro.

2. Más del 70% de los millonarios tienen su jornada organizada de tal forma de dedicarle un espacio de tiempo a ejercitar su cuerpo y tener un **estilo de vida saludable**, 30 minutos de ejercicio aeróbico por lo menos 4 veces por semana les permite pensar con claridad y mantenerse más saludables.

3. El 80% de los millonarios considera que las primeras deudas que debe contraer una persona son **educación y negocios**. Ellos consideran que **las primeras deudas a tomar deben ser para actividades que generen dinero**. Mientras la población en

general considera que las primeras deudas deben ser hipoteca, vehículo y tarjetas de crédito.

4. Tener un **buen record de crédito** es algo muy importante para el 91% de los millonarios, solo el 39% de las población en general lo considera relevante.

5. Los millonarios **no desperdician tiempo**, más del 50% de ellos durante el trayecto de su viaje diario al trabajo escuchan audio libros o aprovechan los minutos para organizar su agenda.

6. Se estima que el 65% de los millonarios dedica por lo menos 45 minutos al día al **hábito de leer y escuchar noticias**, el valor de la información en tiempo real es vital para reaccionar rápido a cambios de entorno.

7. El 80% de los millonarios mantiene una **lista de pendientes o "to do"** es una forma de darle seguimiento a todos los pendientes que se suceden durante la jornada diaria.

8. El **hábito de lectura** es considerado muy valioso entre los millonarios, 50% de ellos inculcan el hábito de lectura en sus hijos desde muy temprana edad.

9. 65% de los millonarios **dedican menos de una hora al día para ver televisión por entretenimiento**, mientras la población en general dedica dos horas y media a este hábito poco productivo.

10. El 80% de los millonarios considera su situación actual como el resultado del **trabajo inteligente y organizado**. Mientras la

población en general en más de un 40% considera su situación actual como el resultado de la suerte o el destino.

11. Más del 87% de los millonarios considera la **puntualidad** como un valor trascendental en sus relaciones laborales, pues es el respeto por el tiempo de los demás. Mientras la población en general apenas el 30% lo considera importante.

12. **Los millonarios consideran a sus relaciones sociales como un activo valioso en su actividad productiva**, de las reuniones con otros millonarios más del 62% considera consigue negocios muy valiosos en ellas. Mientras la población en general apenas el 25% considera consigue oportunidades de negocios gracias a reuniones sociales o allegados.

13. **El 88% de los millonarios son optimistas sobre sus planes y su futuro,** mientras solo el 33% de la población activa en general considera que su futuro será mejor.

Este valioso compendio de hábitos saludables debes tomarlos para tu vida diaria y convertirlos en rutina para llegar a ser una persona exitosa. La autodisciplina, la perseverancia y la persistencia son valores fundamentales para llegar a la riqueza, para ello debes tener el **pensamiento ganador** y ejecutar tus actividades diarias como lo hacen los grandes.

¿Dónde encontrar oportunidades para hacerme millonario?

Antes que nada voy a recordarte que la riqueza que tienes esta en ti, en tu mente, en tus pensamientos positivos, en qué tan profundo desees convertirte en una persona próspera y llena de riqueza.

La riqueza plena la vas a conseguir explotando los **talentos que Dios te ha dado**, en tus habilidades está la llave de la verdadera riqueza, explotar tus talentos, con determinación, un plan y un propósito y los hábitos indicados te van a llevar a la riqueza.

Los negocios en este mundo inteligente e interconectado siempre sufren ciclos, como el precio del petróleo que sube y baja de acuerdo a la economía mundial. Esto no quiere decir que los negocios tradicionales como el comercio, construcción, agricultura, bienes raíces o servicios no sean buenos para ti.

Lo que sucede es que cualquier persona con los recursos económicos suficientes puede llevar adelante un negocio comercial, industrial, de bienes raíces o de servicios, porque en ellos no hay secretos. Con invertir en las personas indicadas tendrás el conocimiento necesario para llevar a cabo tal empresa.

Al día de hoy vivimos la revolución de las **Start-up**, estos son pequeños emprendimientos que se valen del talento y conocimiento de unas pocas personas para aprovechar una oportunidad del mercado para hacerse grandes.

Muchas de estas Startups, nacieron de una buena idea de sus promotores en la cual perseveraron, consiguieron los inversionistas adecuados y asaltaron la cumbre del éxito.

Las siguientes empresas, hoy día reconocidas y establecidas en el mercado internacional son ejemplos de cómo las start-up se están convirtiendo **en el suceso millonario del siglo**:

- Facebook
- Twitter
- Skype
- Uber
- Airbnb
- Open English

Entre otras grandes empresas exitosas que nacieron como un emprendimiento, que les sobraba conocimiento y entusiasmo, pero con muy poco capital.

Estas empresas hoy todas valuadas en cientos o incluso miles de millones de dólares, **han demostrado que para ser exitoso lo fundamental es el conocimiento**, pues el capital siempre busca las buenas ideas.

Pero, ¿cómo llevar mi pequeña idea de empresa de una pyme tradicional a una de estas millonarias Start-up?

Primeramente, hay que diferenciarla de los modelos tradicionales de gestión, haciendo lo mismo que hacen los grandes en tu patio no vas a llegar a ningún lado.

Una floristería, es una pequeña empresa que compra y vende flores, agrega valor a su producto confeccionando arreglos para cumpleaños, eventos empresariales, restaurantes, enamorados y agrega adicionalmente un servicio motorizado de entregas en la localidad.

Hasta acá esta empresa no tiene nada especial que ofrecer, es una pyme que va a competir por el mercado de la localidad con las empresas ya establecidas.

Pero si esta pequeña empresa dedicada a la floristería hace una pequeña inversión en una página web muy amigable, con una sencilla publicidad y promoción del sitio y adicionalmente a esto, hace una alianza con un servicio de entregas garantizadas, con solo diseñar un empaque adecuado para el envío, puede pasar del pequeño territorio que ocupa, a atender una población y un territorio infinitamente mayor.

No es necesaria hacer una mayor inversión en infraestructura de envíos puesto que en todos los países hay cadenas servicios de encomiendas mundialmente reconocidas, con un manejo logístico completo y eficiente que no va a encarecer el producto. Por ello repito es más importante el conocimiento que contar simplemente con capital.

En este momento esta pequeña floristería de cualquier barrio de cualquier ciudad del mundo, pasó a convertirse en una Start-up, de un pequeño negocio a posiblemente un negocio millonario.

Esta empresa posiblemente enfrentará problemas para aumentar rápidamente la capacidad de producción, pero ese es un problema deseable para todo emprendedor.

Cuando no te das abasto para atender tantos pedidos no van a hacer falta inversionistas para financiar ese crecimiento, pues para ellos es la oportunidad de formar parte de un suceso empresarial.

Si además de esto **replicamos este modelo de negocio**, llevando la floristería a un negocio de franquicias en las importantes ciudades, accederemos a ingresos por derechos de explotación de marca y muchos otros ingresos asociados.

Así se convierte un negocio de una pequeña plaza de barrio en una ciudad cualquiera, en un negocio millonario.

Airbnb, fue una empresa fundada hace pocos años por tres amigos en la ciudad de San Francisco en California, quienes pasando algo de estrechez económica observaron que en la ciudad no había alojamiento en ningún hotel, por un evento de moda.

Se les ocurrió ofrecer un servicio en su departamento consistente en un colchón de aire y desayuno (Air bed and Breakfast), luego de muy buenos resultados se les ocurrió crear una plataforma digital para que las personas ofrecieran desde un colchón de aire, un sofá, una habitación o incluso todo un departamento o casa a visitantes de su ciudad.

El concepto ha calado tan profundo que en solo 8 años tienen más de 2 millones de anuncios en 172 países y la empresa está valuada en más de **3 mil millones de dólares**.

Innovación, capacidad de acceder a un mercado gigantesco, alianzas estratégicas y la posibilidad de replicar el negocio son las características que diferencian a una Pyme de una Start-up.

Hoy la riqueza no está en empezar una empresa con mucho dinero, para hacer más dinero, **la riqueza está en el conocimiento y la capacidad para explotarlo de forma innovadora.**

"Donde haya un árbol que plantar, plántalo tú.
Donde haya un error que enmendar, enmiéndalo tú.

Donde haya un esfuerzo que todos esquivan, hazlo tú.

Sé tú el que aparta la piedra del camino"

Gabriela Mistral

Gracias por Leer mi libro "Autosugestión Para Ganar Millones

Por Favor presiona aquí para dejar tu reseña

Confucio

63

Todos los derechos reservados.
Queda rigurosamente prohibida, sin autorización escrita de los titulares del copyright, bajo las sanciones establecidas por las leyes, la reproducción total o parcial de esta obra por cualquier medio o procedimiento, comprendidos la reprografía, el tratamiento informático, así como la distribución de ejemplares de la misma mediante alquiler o préstamo públicos.